W0206151

Edition Neue Texte

Eva Strittmatter

Ich mach ein Lied aus Stille

Gedichte

Aufbau-Verlag 1987

Mit einer Nachbemerkung
von Hermann Kant

ISBN 3-351-00400-1

7. Auflage 1987
Alle Rechte Aufbau-Verlag Berlin und Weimar
Einbandgestaltung Heinz Hellmis
Typographie Manfred Damaszynski
Lichtsatz INTERDRUCK Graphischer
Großbetrieb Leipzig – III/18/97
Druck und Binden Karl-Marx-Werk,
Graphischer Großbetrieb Pößneck V 15/30
Printed in the German Democratic Republic
Lizenznummer 301. 120/67/87
Bestellnummer 611 177 7
00

Widmung

Ich würde gerne etwas sagen,
Was *dir* gerecht wird und genügt.
Du hast mich, wie ich bin, ertragen
Und mir, was fehlte, zugefügt.

Es ist nicht leicht, mit mir zu leben.
Und oft war ich dir ungerecht.
Und nie hab ich mich ganz ergeben.
Du hattest auf ein Ganzes Recht.

Doch ich hab viel für mich behalten.
Und dich ließ ich mit dir allein.
Und du halfst mir, mich zu gestalten
Und: gegen dich *mir* treu zu sein.

Beichte

Immer die gleiche Rose.
Immer das gleiche Gesicht.
Unterm wechselnden Monde.
Unterm wechselnden Licht.

Immer die gleiche Tollheit.
Immer der gleiche Traum.
Immer noch keine Weisheit.
Immer noch nicht: wie ein Baum.

Lupine

Lupinenblau – so war doch was
In meiner Kindheit. War es Glas?
Was war so blaß wie die Lupinen,
Die sich wie wild dem Licht zudrehn,
Wie blaue Flammen, die nicht brennen
Und doch so überschnell vergehn?
Glas war es, Steine, Glitzerkram,
Weiß nicht mehr, wie er an mich kam,
Weiß nur noch dieses bleiche Blau,
Die Sehnsuchtsfarbe. Morgentau
Im leichten Himmelslicht erstarrt,
Und ein Gefühl von solcher Art:
Glückstropfen, in der Faust zerpreßt,
Verloren. Doch es blieb ein Rest
Der Sehnsuchtsfarbe Lerchenblau.
Lupinen brennen unterm Tau.

Porträt

Meine Großmutter (die schöne)
Hab ich wie ein Bild gekannt.
Sie hatte (wie ich) viele Söhne.
Im Heusommer war sie holzbraun gebrannt.
Sie hatte Adleraugen.
Und hatte Gier im Blut
Auf Leute und auf Leben.
Und überdrauf war sie
Gut.

Kunsterspring

Wie waren die Wälder finster.
Und im Winter: wie waren sie weiß.
An den Wegrändern blühte der Ginster.
Und die Sommer: Die Sommer warn heiß.
Die Tage warn blau von Lupinen.
Und morgens war die Welt neu.
Wir aßen die Sonne. Und tranken den Regen.
Und schwammen im Juni im Heu.
Und damals gab es Libellen.
Und man sah sie zum erstenmal.
Und der Großvater erzählte von Quellen
Hinterm Walde. In einem Tal.
Die hatten auch einen Namen.
Der hieß Kunsterspring. Kunsterspring...
Und wie viele Jahre verkamen.
Und wieviel Leben verging.
Und der alte Mann ist hinunter.
Und ich weiß den Weg nicht mehr.
Doch ich suche den Spring noch immer.
Und mir ist, als ob ich ihn hör.

Kiefernwind

Der Kiefernwind klingt mir am reinsten,
Der Kindheitswind, der Katenwind.
Da war ich noch am allerkleinsten,
(In jenem Dorf, wo ich als Kind
Die Katzen kannte und die Hähne
Und auch den Singsang alter Fraun
Und wie da rochen *Strük* und *Späne*
Beim Backofen am Gartenzaun),
Da kannt ich schon die Kiefernstimmen,
Die redeten in alles rein.
Das Dorf schien klein im Wald zu schwimmen,
(Der konnte nur von Kiefern sein:
Es gab nur Sand mit ein paar Salzen,
Daran die Kiefer sich genügt.)
Und *sind* es auch die *alten Walzen*:
Mir wurde da was zugefügt
Vom traurigen Gesang der Kiefern
Beim Heidefriedhof, wo die Alten
Unter den billigsten Grabsteinen,
(Die noch zu teuer warn) *Rast halten.*
Sie lebten noch mit frommen Lügen...
Und sanft getäuscht saßen sie da,
Die Witwen mit den Wasserkrügen.
Die Toten waren ihnen nah.

Derweil die Särge längst zerfielen,
Die leichten Truhn von Kiefernholz,
Schwatzten die Altchen von den vielen
Kindern. Mit unverstecktem Arbeitsstolz
Maßen sie ihre Gräbergärtlein:
Eisblumen und Petunien.
Ihr Name stand schon auf dem Grabstein.
Sie werkelten nicht nur für ihn,
Dem sie im Guten und im Schlechten
(Und auch in *Gott*) verbunden waren.
(Sie wußten nichts von ihren Rechten
Nach so viel abgelittnen Jahren.)
Sie summten ihre simplen Sätze,
Vom Kiefernwind halb eingewiegt...

Ich denk an euch. Und scheu die Plätze,
Vater und Mutter, wo ihr liegt.

Rotdorn

Rotdorn meiner Kinderjahre.
Unterm roten Rotdorndach
Bin ich ein und aus gegangen.
Und der Rotdorn ging mir nach.
Roter Rotdorn meiner Kindheit.
Straßenbaum der kleinen Stadt,
Die ich liebte, die mich liebte,
Die mich aufgezogen hat.

Mark

Mich rühren die sandigen Wege
Im alten sandigen Land.
Die Heckenrosengehege.
Die Holderbüsche am Rand
Der alten Felderraine.
Die Gräser reden mir da
Von Zeiten, die warn noch nicht meine,
Als ich das Früheste sah:
Die Gräser. Und hörte die Lerche.
Und roch dieser Sande Geruch.
Seither schlepp ich diese Erde
Mit mir als Segen und Fluch.
Ich muß diesen Sand verwandeln,
Bis er schmilzt und Wort wird in mir.
Diese Erde läßt nicht mit sich handeln.
Ich komm nicht umsonst aus ihr.

Ich

Noch hab ich nicht begonnen.
Noch arbeite ich ab,
Was ich mir im ersten Leben
Aufgelastet hab.
Noch gehn meine Gedanken
Nur selten aus dem Haus.
Bin wie die alten Landfraun.
(Die zogen die Schürze nie aus.)
Noch sind meine Worte simpel.
Von Sorge und Liebe schwer.
Noch fehlt ihnen das Leichte.
In Holzschuhn kommen sie her.
Ich lebe wie meine Mütter,
Die Häuslerinnen, gelebt.
(Nur kannten sie keine Bücher
Und haben gestrickt und gewebt.)
Ich war ganz anders entworfen.
Hab einst Ästhetik studiert.
(Komisch: wie leicht man im Leben,
Was man nicht braucht, verliert.)
Lebt man bei Bächen und Bäumen,
Wohnt zwischen Wurzel und Wind,
Verlangt man selbst von den Träumen,
Daß sie faßbar sind.

Maiwind

Das große Rauschen vorm Fenster.
Die Weiden beim Bach sind im Wind.
Mich irren im Maiwind Gespenster:
Bald läßt dich all dein Gekind.
Daß es großwächst, hast du verfüttert
Tag und Jahr. Leben. Silbe und Lied.
Alle Süße wird sein so: durchbittert.
Wie wenn man Fäden zieht
Aus einer nie narbenden Wunde,
Die du dir selbst beigebracht.
Du weinst ganz nah hinterm Munde,
Der gleichgültig redet und lacht.

Ginster

Frühlingswald. Lichtes Lärchengrün.
Sandweg. Bald wird der Ginster blühn.
Ginstergelb fängt der Juni an.
Brennt den Frühling aus,
Der grad begann.
Immer die Sehnsucht zu weit voraus.
Immer nur halb daheim und zu Haus.

Wachtelweizen

An diesem Morgen nicht zu reisen.
In dieser Sonne stillzustehn.
Der Nebel hebt sich. Streift die Kiefernkronen
Und wird im leichten Wind verwehn.
Der Nachbar hustet mit der Herde
Und seinem alten Hund hinaus.
Ein wenig näher hin zur Erde.
Ein wenig weiter weg vom Haus.
Fort wollt ich auch. Und ich weiß Plätze,
Die wollt ich so viel Jahre sehn.
Und sitze hier beim Wachtelwcizen.
Anstatt einfach davonzugehn.
Ach laß den lieben Wachtelweizen.
Er war ja dreißig Jahre stumm.
Und ginge ich, nach seinem Lächeln
Säh ich mich sicher lange um.

Verlornes Jahr

Verlornes Jahr. Die große Zeit
In kleiner Münze hingestreut.
September unterm Spinnenhaar.
Bereift. Verweint. Verlornes Jahr.

Frühe

Fünf Uhr. Da färbt die Frühe
Den weißen Giebel ein.
Im Garten lärmt die Stille.
Nachregentropfen im Wein.
Unterm Dache zittern die Tauben,
Weil ihr Schlag noch geschlossen ist.
Muß hinaus. Mag sein, daß im Morgen
Mich wer oder was vermißt.

Vor einem Winter

Ich mach ein Lied aus Stille
Und aus Septemberlicht.
Das Schweigen einer Grille
Geht ein in mein Gedicht.

Der See und die Libelle.
Das Vogelbeerenrot.
Die Arbeit einer Quelle.
Der Herbstgeruch von Brot.

Der Bäume Tod und Träne.
Der schwarze Rabenschrei.
Der Orgelflug der Schwäne.
Was es auch immer sei,

Das über uns die Räume
Aufreißt und riesig macht
Und fällt in unsre Träume
In einer finstren Nacht.

Ich mach ein Lied aus Stille.
Ich mach ein Lied aus Licht.
So geh ich in den Winter.
Und so vergeh ich nicht.

Ofenheizen

Feuern muß man in der Dämmerflüchte,
In der Lücke zwischen Nacht und Tag.
Sitzen so bei halbem Lichte
Nah dem Ofen. Im Verschlag,
Den die Bücherwände machen
Und das schweigsame Klavier.
Sinnen auf die alten Sachen:
Wer bist du und warum hier.
Birkenscheite muß man brennen.
Reine Birke riecht so gut.
Und doch sollte man sich trennen
Von Geruch und Rauch und Glut?
Von den Kindheitsdorfgerüchen:
Reisigrauch vom Backhaus her,
Und vom Holzrauch aus den Küchen
In der Herbstzeit. Abends. Schwer.
Aus der ew'gen Welt der Rüben
Und Kartoffeln sollte man
Besser fliehn. Zu lang geblieben,
Und schon setzt man Wurzeln an.
Man wird schwer und man wird trocken
Und man seufzt: was ist ein Jahr.
Man bleibt hinterm Ofen hocken.
Alles ist so, wie es war.

Und die Scheinwelt der Maschinen
Lauert draußen irgendwo.
Leicht lernt man, sie zu bedienen.
Tod und Leben bleiben. So
Ziehn die Jahre uns nach unten
Und die Rüben. Nur der Rauch
Ist gegangen und geblieben.
Gehn und bleiben will ich auch.

Haus

Die Räume haben Frieden.
Die Tage gehn ein und aus.
Für eine friedliche Seele
Wär das ein friedliches Haus.

Schlehen

Nun hat der Holunder schon Dolden gesetzt.
Ich hab ihn nicht weiß werden sehen.
Der Flieder verbrannt, die Lilien verweint.
Mir blühten zu Jahr nur die Schlehen.
Die Schlehen, die armen, der Wegerainschaum.
Wie gleicht sich mein Leben mit ihnen:
Frühblüte, Wirrwuchs, nicht Pflaume noch Baum.
Erdacht wohl für Vögel und Bienen.

Weiden

Drei Weiden wachsen im Garten.
Dünn stehn sie gegen den Mond.
Sie sind noch keine Bäume.
Nichts was zu loben lohnt.
Zehn Schritte und das bleiche
Licht löscht die Gerten aus.
Ich habe schlimme Träume
In unserm alten Haus.
Die Weiden werden sich biegen.
Und was wird mit mir sein?
Sie werden Silberlaub kriegen
Und fangen den Mond damit ein.

Noch

Ich will aber nicht weise,
Ich will lebendig sein.
Ich bin noch auf der Reise.
Und *Schopenhauerein*
Werde ich später treiben.
Noch nehme ich mir Zeit
Zu sehen und zu schreiben,
Zu gehen und zu bleiben,
Zu leben lang und breit.

Rastlos

Ich gehe in den Garten zu den Grillen.
Der große Mond ist da. Sternvogelflaum.
Ich schwing mich auf die Schaukel, und im Schwunge
Häng ich den Mond in unsern Apfelbaum.
Da zwing ich ihn, für mich zu hüpfen.
Ich schaukle mich und schau ihm zu.
Ich bin sehr groß. Ich laß ihn hüpfen.
Für zwei Minuten hab ich Ruh.

Altes Lied

Wenn der Sturm kommt im Januar
Über den Hang,
Halten wir uns. Sturm im Januar
Macht einen bang.

Wenn der Schnee kommt im Januar.
Über Dach uns und Wände,
Halten wir uns. Schnee im Januar
Macht Angst uns vorm Ende.

Wenn die Kälte im Januar
Kommt über unser Bette,
Halten wir uns. Wie wenn der Winter
Kein Ende nie hätte.

Kommt der Mai, kommt der Mai,
Geht alles vorbei.

Immer

Ich liebe immer.
Die Entzückungen der Seele,
Die in ein Auge sieht, das Antwort gibt,
Sie sind es, die ich schamlos stehle.
Und niemand weiß, wen ich geliebt,
Als nur der eine, den ich anseh
Für eine Stunde, einen Tag,
Und der mit eingeht in mein Fernweh,
Nach dem ich immer wieder frag.

Rätsel I

Ich sage, ich liebe dich,
Und ich sage, der Mond wärmt mich,
Und ich sage, der Regen steigt,
Und ich sage, wer spricht, der schweigt,
Und ich sage, was fragst du mich,
Und ich sage, ich liebe dich.

Liebe

Wie furchtbar auch die Flamme war,
In der man einst zusammenbrannte,
Am Ende bleibt ein wenig Glut.
Auch uns geschieht das Altbekannte.
Daß es nicht Asche ist, die letzte Spur von Feuer,
Zeigt unser Tagwerk. Und wie teuer
Die kleine Wärme ist, hab ich erfahren
In diesem schlimmsten Jahr
Von allen meinen Jahren.
Wenn wieder so ein Winter wird
Und auf mich so ein Schnee fällt,
Rettet nur diese Wärme mich
Vom Tod. Was hält
Mich sonst? Von unsrer Liebe bleibt: daß
Wir uns halten. Kein Gras
Wird auf uns sein, kein Stein,
Solange diese Glut glimmt.

Solange Glut ist,
Kann auch Feuer sein.

Robinie

Fällt ein Robinienblütenblatt.
Noch bin ich müd. Noch bin ich matt.
Da fällt mir bei, wie's Blatt so fällt:
Von wem kenn ich den Baum. Die Welt?
Der Pirol ruft.
Er ruft: Von dir.
Und weiter ruft er:
Wärst du hier!
Nein, nicht für einen Augen-Blick.
Für keinen Kuß, kein zärtlich Stück.
Nur deine Hand, die so sehr warm ist,
In meine Hand, die so sehr arm ist.
Fiel wieder ein Robinienblatt,
Da wär das Glück schon halber satt.

April I

Lila die Luft. Ein leiser Abend.
Wolke in Grün: Wald im April.
Und aus der Wolke ruft die Amsel:
Wo ist er, den ich rufen will.

Brief

Die Mäuse herrschen jetzt in deinem Zimmer.
Sie nagen deine Nüsse und die Wunderblumen an.
Mein Zorn auf dich wird immer schlimmer,
Weil ich dich nicht drei Tage missen kann.
Ich rauche deine Zigaretten. Du sollst nicht rauchen,
Hast du mir gesagt.
Und wie soll ich die Sommerglut verbrauchen?
Danach, mein Lieber, hast du nicht gefragt.
Ich hasse unsre breiten Betten.
Du bist sehr fern. Doch der
Orangenmond hängt nah bei unserm Haus.
Die Sonnenrosen leuchten. Diese Nächte
Löschen nicht mal ein kleines Farbenfeuer aus.

Frage

Was bleibt mir, wenn die Liebe mich verläßt?
Wenn mich die Lust verläßt zu lieben?
Noch hat mir jedes leise Wort
Die Liebe eingeschrieben.

Heidekraut

Nach Honig riecht das Heidekraut.
Noch schmeckt nach Sommer deine Haut.
Manchmal, wenn du im Schlafe bist,
Weiß ich schon, was *dahinten* ist.
Dann wünsche ich, du schliefest nie.
Denn wärst du *dort* –
Sag mir doch: Wie
Hol ich dich ein? Du bist so weit voraus.
Wie geht das an: Leben in einem Haus,
In einer Zeit und manches kleine Mal
In einem Glück und oft in einer Qual,
So nah sein und so sehr getrennt.
Gibt es nicht was, was Zeit und Schnee verbrennt?
Du läufst mir fort, und schon fehlt dir die Lust,
Dich nach mir umzusehn. Aber du mußt
Mich mit dir nehmen oder überstehn.
Ich schrei, ich schreie. Ich laß dich nicht gehn.
(Ich schrieb dir gern ein lächelndes Gedicht,
Wollt es auch machen, aber konnte nicht.
Nur zu zwei Zeilen hat das Licht gelangt,
Und schon bei denen hat mir sehr gebangt.
Man kann sie singen, Blüten sind dabei.
Man könnte weinen. Sommer ist nicht Mai.)

Freiheit

Ich kann dich lieben oder hassen –
Ganz wie du willst. (Kann dich auch lassen.)
Und du kannst schweigen oder sprechen.
Ganz wie du willst. Daran zerbrechen
Werd ich nicht mehr. (Ich kann auch gehn.)
Ganz wie ich will, wird es geschehn.

Der Regenstrauch

Sieben mal sieben Tage sind vergangen,
Seit wir gesessen unterm Regenstrauch.
Ich war wie siebzehn, und du warst ein Junge,
Und du erinnertest dich auch.
Der Regen fiel, es fiel ein Regen,
Ein grüner Regen fiel am See.
War unsre Liebe jemals bitter,
Taten wir je uns weh?
Wir waren wie herausgefallen
Aus unserm Leben. Wieder
Waren wir uns ganz neu.
Weißt du noch? Unterm Regen
Roch es vom Rain nach Heu.
Ein Schober stand ganz nahe.
Wir liebten uns so blind
Und ohne eine Frage,
So wie am ersten Tage.
Die Nacht kam mit dem Wind...

Schuld

Ach, wieviel Schuld in meinem Leben.
Wer wägt gerecht die eigne Schuld?
Wie schnell hat man sich selbst vergeben.
Doch das Gedächtnis hat Geduld,
Wenn andre uns mit Gram geschlagen.
Wir wissen noch nach tausend Tagen
Gewicht und Preis der fremden Schuld.

Einsamkeit

Ich wollte in der Stille sein.
Bin in den Wald gegangen.
Und habe mich im Spinnennetz
Der Einsamkeit gefangen.

Bitte

Laßt mir das Silberfingerkraut.
Laßt mir den Hasenklee.
Laßt mir den kleinen Lerchenlaut.
Laßt mir den Liliensee.
Laßt mir den Sandweg durch die Heide.
Die Kiefer und den Birkenbaum.
Braucht ihr nicht manches Mal auch beide,
Die Weltstadt und den Weltenraum?

Januar

Am Rand des Unentdeckten wohnen
Und nicht schrecken ist schwer.
Doch sind die Wolken heute leicht.
Der Dämmerwind webt in den Kiefernkronen.
Die nah beim Himmel sind. Der Tag verbleicht.
Die Schatten werden schwärzer.
Und das Licht wird weißer.
Bevor es Nacht wird. Es ist Januar.
Die Tage taumeln. Man lebt heißer
Mit jedem abgelebten Jahr.

Schwäne

Indonesische Farben:
Ein Abend im Februar.
So ungeheure Himmel
Sieht man nicht jedes Jahr

In Blau, Türkis, Orange,
In Rot und Amethyst.
Und plötzlich fehlt mir lange
Schon einer, der mich küßt.

Die Schattenkiefern schwanken
Wie Palmen hin und her.
In meinen Taggedanken
War keine Liebe mehr.

Doch durch den heißen Himmel
Fliegt kalt ein Schwanenpaar.
Das jüngst vom milden Winde
Nach Nord verführet war.

Die beiden fliegen klagend.
(Eis birst im Flügelton.)
Schwarz ihre Schwingen schlagend,
Schwimmen sie durch den Mohn

Des Himmels in die Kühle
Syringenblau und grün.
Mit einem Herzgefühle
Seh ich die beiden ziehn.

Vorletzter Februar

Der Lewitansche Winterhimmel
Zerschmilzt heut. Und das Abendblau
Singt sich um einen Halbton höher.
Weiß sind die Birken.
Gestern warn sie grau.
Das war, weil Schnee war. Aber heute
Gibt es ein leises Wiesengrün.
Und Erde fühlt man wieder. Erde.
Und prüft die Luft ab: Ziehn
Die Stare noch einmal? Ach, die Stare,
Sie kamen heim.
Wenn Heimat da ist, wo wir sind.
Kamen getrieben von Gesetzen.
Oder verführt vom warmen Wind.

Letzter Februar

Ist nicht an unserm Sonnenhang
Das Gras schon ostergrün?
Der alte Frühling will sich wohl
Um einen Mond verfrühn?
Die Spechte weibeln. Und die Luft
Schmeckt weiß vom letzten Schnee.
Das Licht ist brüchig. Goldstaub fällt
Aufs Gras. Aber vom See
Her schrein die Kraniche
Und schreien fremd und fern.
Zu groß für uns. Sie flogen her
Vielleicht von einem Stern.

März

Noch einmal kommt Schnee gefahren
Mit den schweren Wolkenschiffen.
Wieder wie in allen Jahren
Werden wir vom Frost geschliffen.

Und der Nordwind, wie ein Landsknecht,
Fällt in unsre Felder ein.
Jeder Winter ist ein Unrecht.
(Das wir erst im Mai verzeihn.)

Wind

Windmusik ohne Rhythmus.
Konturlose Melodie.
In Birken und Kiefern anders.
Gesang ohne Was und Wie.

In Sommern und Wintern anders.
Anders bei Regen und Schnee.
Anders über den Bergen
Als über Seen und See.

Und anders im Freien empfangen
Als im gesicherten Haus.
Einmal mit Heimverlangen.
Und einmal: mit Sehnsucht hinaus.

Frühling

Ich rede schon vom Frühling
Und stecke tief im Schnee.
Halte mich an die Birken,
Die ich sich röten seh.

Die kleinen Birken schweben
Im März im Abendlicht.
Wie Rosenschaum die Wipfel.
Als wüchsen sie hier nicht,

Als kämen sie geflogen,
Wärn Vögel auf dem Zug,
Flamingos aus der Fremde,
Rasteten ab vom Flug.

Bald sind sie wieder Birken:
Blätter, Gezweig und Baum.
Noch könnten sie auffliegen
Und wären nur ein Traum.

April II

Meine Verse sind gestohlen.
Und mein Leben ist geborgt.
Abgelaufen und zersorgt,
Arm an Zeit, nicht arm an Plage
Bin ich. So sind meine Tage:
Ungenutzt. Zu klein verbraucht.
Schöner Morgen im April.
Luft vom Gletscher. Licht vom Firn.
Rosenfarbner Kinderhimmel
Über meiner wilden Stirn.

Lerche

Die unermüdliche Amsel.
Ihre Schwester, die Drossel süß.
Der heimliche Vogel Pirol
(Der früher von Bülow hieß).
Die drei und die vielen andern:
Der klagende Wendehals
Und die gesegneten Schwalben,
Die Vögel des freiesten Falls...
Die steigenden Vögel, die Lerchen.
Sie spinnen ihr zwietönig Lied,
Das sie, ein silberner Faden,
Aufwinds und wolkenwärts zieht.
Unterm Liede der schwindenden Lerche,
Im Mai, hab ich einmal gedacht:
Vielleicht ist die ganze Erde
Um der Lerche willen gemacht.

Mai I

Der Pirol flötet in der Frühe.
Die Höfe sind vom Flieder blau.
Und wenn ich mich hinausbemühe,
Fällt auch auf mich der Morgentau.

Große Nächte

Die gelben Lilien und die lilanen Lupinen,
Kastanien blühn und Fliederbaum.
Spät blühn Holunder und Robinen
Und drängen weiß in unsern Traum.
Im Juni, in den großen Nächten,
Macht manches Mal ihr Duft uns wach.
Was wir an Süße da genießen,
Geht uns noch im Dezember nach.

Mittsommer I

Am Abend arbeiten die Grillen.
Sägen den Tag um. (Das ist schwer.)
Was keiner kennt, wird sich erfüllen.
Leer
Ist der Himmel. Fledermäuse stürzen.
Steigen im Schatten. Steine schlafen ein.
Die wilden Düfte des Holunders würzen
Die Schummrung. Und die Nacht fällt ein.

Julimorgen

Nun sind die Farben hervorgekommen.
Um drei Uhr wurde der Tag angefacht.
Erst hat man ein Fragen und Flüstern vernommen.
Dann aber wurde *Feuer* gemacht.

Mittsommer II

Das grüne Augenlicht der Tiere.
Halbweiße Nacht in unserm Wald.
Die Dämmernis. Der Ginster. Farbenhalbschlaf.
Das Jahr ist jung. Das Jahr ist alt.

September I

Der Nebel ist wie Watte in den Wipfeln
Der Riesenkiefern. Tannen spinnt er ein.
Den Silberweiden hüllt er wie den Gipfeln
Von Bergen ihre Greisenköpfe ein.
Der feine Frühdunst hat die Welt gezweiteilt.
An einer Stunde Licht wird er vergehn.
Hinter der Bläue, die vorbeieilt,
Kann man den einen Weltraum sehn.

Krankheit

Der Tag ist sowieso verloren.
Ein bläulicher Septembertag.
Im klammen Frühdunst kalt geboren.
Und stirbt beim kalten Flügelschlag
Des Abendvogels, der aus Nebeln
Und ungezähmten Träumen wächst.
Da will ich schweigen, will mich knebeln:
Ich bin vom Fernwahn wie verhext.

Wieder September

Ikonenfarben: Blauer Himmel
Und Apfelrot im grünen Baum.
Davor ikonenecht: ein Schimmel.
Der grast und lebt. Hat keinen Zaum
Und keinen Recken zu ertragen.
Kein Krieg um Gott zwingt ihn zum Stolz.
Septembertag, mit Gold beschlagen.
Und wie gemalt auf altes Holz.

Absage

Dieses Jahr komm ich nicht in den Süden.
Dieses Jahr such ich auf nördlicher Spur
Einen bittren Septemberfrieden.
Tage der Täuschung. Das Jahr treibt zur Schur.

Zeitgleiche

Grüne Spalte im Oktober.
Eines Abends: grünes Licht.
In den Bäumen tobt Zinnober.
Vogelgrün von Flaumgewicht
Kam durch einen Spalt gekrochen.
Eisluft. Glaswind. Alles wahr.
Doch ich hab den März gerochen.
Und nach Grün roch auch mein Haar.

November I

Die Blätter fallen so wie Vögel fliegen.
Sie schwärmen aus. Doch kehrn sie nicht zurück.
So fällt die Zeit von uns: Wir unterliegen.
Und merken spät: Auch wir sind zu besiegen.
Da strecken wir uns in der Stille noch ein Stück.

Winterfarben

Im Winter sind auch das schon Farben:
Das nackte Brombeerrankenrot,
Und wo am Berg die Bäume starben,
Da haben sich vom großen Tod
Kleinere Tode abgespellt:
Das Baumfleisch ist vor Nässe rot.
Was nach der Zeit zu Mulm zerfällt,
Von außen schwarzes Astgesplitter,
Leuchtet von innen dompfaffrot
Und riecht nach Harz noch lebensbitter.
Grün ist der Himmel. Er verloht
Und sprenkelt rot das Schneefeld ein.
Den Bach befährt ein Nebelboot.
Besegelt ist's mit Rosenschein.

November II

Zwei letzte
Knospen hat der Rosenstrauch.
Die ersten
Rosenfrüchte leuchten wie
Kleine Winterfeuer auf.

Schneesturm

Antarktische Gefühle:
Schnee*sturm* (von Stärke *acht*)
Die kleine Märzenkühle
Hat sich herausgemacht.

Da hilft nur eines: werfen
Entgegen Frost und Schnee
Und so den Sturm entschärfen:
Schüttel mich nur. Ich steh

Und spring dich an und zwinge
Dich nieder, als wie wenn
Ich blindlings fernhin ginge
Zu einem, den ich kenn.

Dabei zieht all mein Wandern
Nur Kreise um das Haus.
Ich kenne keinen andern.
Und doch treibt's mich hinaus.

Irgendwas ruft mich zwingend,
Als ob's das Leben wär.
Irgendwas braucht mich dringend
Und flieht doch vor mir her

Durch Frost und Schnee und Wehen
Und Windbruch hügelan.
Einmal werd ich es sehen.
Ich weiß nur noch nicht: wann.

Wacholder

Die Hügel unter den Himmeln
Und über den sterbenden Seen:
Da wohnt der Wind im Wacholder.
Gehn
Muß man zu den Hügeln
Im toten Januar.
Wacholderbeeren zerreiben
Und atmen, was wird und was war.
Da muß man sich verwurzeln.
Bei Wacholder und Wind.
Rauch vom Wacholderfeuer.
Drei Worte überm Wind.

Rätsellied und Lobgesang

Für Reinheit der Substanzen:
Wenn Öl sein soll, dann Öl.
Passe den Teil zum Ganzen.
Misch keinen Sand ins Mehl.

Wenn's Wasser gibt, sei züchtig.
Doch wenn der Wein Muskat
So duftet (seelensüchtig),
Dann scheue nicht die *Tat*

Und schluck die Strahlenstäubchen,
Die er gefangen hat.
Und schienst du erst ein Schräubchen,
So bist du gleich ein Rad,

(Der Selbstbewegung Wunder)
Rollst auf die Sonne zu.
Die Welt ist dir nur Zunder.
Der sie entflammt, bist du.

Für Reinheit der Substanzen:
Wenn Öl sein soll, dann Öl.
Passe den Teil zum Ganzen.
Misch keinen Sand ins Mehl.

Signale

Ich steh bei meinem Koppelpfahl.
Am Rand von unserm Wiesental.
Da habe ich schon viele Mal
Worte gestimmt auf Sinn und Zahl.
Nach einem Glück, nach einer Qual,
Von Leben leuchtend oder fahl,
Gab ich von hier ein Seins-Signal:
Silben und Sätze. Schmucklos. Schmal.
(Ich schreibe auf dem Koppelpfahl.)

Nina Cassian

Ein fremder Vogel flog vorbei.
Mir war er schrecklich. Wie er schrie!
Doch seltsam: jener schrille Schrei
Klingt nach als sanfte Melodie.

Johanniskraut

Johanniskraut. Johanniskraut.
Ich kenne einen. Der heißt John.
Wär er von hier und hieß Johann.
Käme ich nicht davon.

Blinder Tag

Flughafen. Herbst. Ein Regenmorgen.
Und eine fremde Liebe. Grau.
Ein blinder Tag. Und graue Tränen.
Zu jung der Mann. Zu alt die Frau.

Seerose

Mein Freund, ich hätte Sie lieben sollen.
Leichter wäre der Sommer zu tragen.
Mondsee Seerose Rosenlicht.
So habe ich um niemand zu klagen.

Einfach: Leben

Ich möchte weiß sein wie mein Hund
Und in der Dämmrung leuchten,
Und da sein ohne Zweck und Grund.
Die Träume, die mich deuchten
Bis heut wunschwert und wunderbar,
Die will ich gern vergessen:
Die Liebe, die noch niemals war,
Und was ich *nicht* besessen.
Ich möchte ohne Hoffnung sein
Und einem Herrn ergeben.
Von Zweifeln und Gedanken rein,
Würde ich einfach: *leben*.
So aber schlepp ich mich umher
Schwer von zuviel Gesichten.
Nur manchmal mache ich mich leer
Und los von Furcht und Pflichten.
Und von der Welt, die mich nicht kennt
Und will, ich soll sie kennen,
Und von der Zeit, die mich so brennt,
Wie wir die Bäume brennen.
Dann will ich weiß sein wie mein Hund
Und will im Finstern leuchten.
Und das ist jener Wünsche Grund,
Die euch *abscheulich* deuchten.

Schneemorgen

Der frischgefallne Schnee –
Noch rein wie Frischpapier.
Und ich – wie eine Bärin –
Stampf wie ein plumpes Tier
Mit fellbespannten Pranken
Stumpf meine Spur hinein.
Schlafsatt, schwarz von Gedanken,
Schleife ich Bein vor Bein.
Der Schnee macht mir nur Schwere,
Die Stille ist mir leer.
Dabei schlepp ich die Leere
Und Schwere mit mir her...
Merk nicht, daß mir der Morgen
Das Weltbuch aufgetan,
Damit ich mich einpräge,
Klar, wie der Mensch es kann...
Hör auf, mich hinzuschleifen,
Tanze, versteckt im Tann,
Und such mich zu ergreifen.
Mählich heb ich mich an.

Rätsel III

Meine Träume kennst du nicht.
Meinen Namen nennst du nicht.
Zwar du glaubst, daß du sie kennst.
Daß du meinen Namen nennst.
Doch ich träume mancherlei.
Und der Namen hab ich drei.

Nähe, Ferne

Ich liebe die Eisenbahnen
Und ihren Geruch von Rauch.
Und ihre verwehenden Fahnen.
Und ihre Schreie auch.
Sie schreien von weit hinter
Den Wäldern und Wiesen her.
Am wildesten schrein sie im Winter.
Da schweigen und atmen wir schwer.
Die Nähe und die Ferne
Reißen bei diesem Schrei
In eins sich. Wie fallende Sterne
Jagen sie an uns vorbei.

Abendwind

Ich wart auf dich im Abendwind,
Der weithin geht und fern beginnt,
Der von mir alles weiß und mehr.
Was ohne Worte ist und schwer,
Geweint hab ich es in den Wind,
Der weithin geht und fern beginnt.

Schweigen

Ihr habt das Schweigen nicht gesehn
Hinter den Hügelsenken.
In diesem Schweigen muß man stehn.
(Nur stehen. Und nicht denken.)
Wenn ich lang genug warten kann
In Kälte und in Schnee,
Höre ich da vom Wind ein Wort,
Das ich vielleicht versteh.
Danach wird alles anders sein.
Mein Wort wird davon schwer.
Wird eine Spur im Neuschnee sein
Und kommt vom Schweigen her.

Weide

Weide, bist weiß geworden.
Reif hat mich weiß gemacht.
Weide, was weinst du?
Nebel kam über Nacht.
Ach fiel der Reif auf mein Leben nicht.
Ach wär der Nebel nicht so sehr dicht.
Zwei Schritt vom Haus geht der Weg an zu dir.
Aber ich komme nicht vor die Tür.
Der Vater ist fort und der Freund ist nicht mehr.
Ich sehne entbehre dich und mich sehr.
Weide, bist weiß geworden.
Reif hat mich weiß gemacht.
Weide, was weinst du.
Nebel kam über Nacht.

García Lorca

Lieben und den Leib nicht finden.
Weinen und nicht wissen, über wen.

Die Taube die Taube die Taube.
Das zweigeschlechtliche Blut.
Die brennende Brust im Gefieder.
Die bitterste, süßeste Glut.
Von solchem Segen verflucht sein.
Von solcher Gnade verdammt.
Von Engel und Teufel versucht sein.
Von wem und wozu so entflammt.
Und singend sich retten und wandeln
Die Wirrsal in reinen Gesang.
Gerecht wie ein Gott zu handeln.
Als wär man am Leben nicht krank.
Wer so sein Ich umgeschichtet.
Wer so sein Geschick widerrief.
Der wird groß aufgerichtet.
Der wächst und wurzelt tief.
Die Taube die Taube die Taube.
Die wurde ein Taubenbaum.
Die eine fiel Häschern zum Raube.
Die andre flog auf in den Raum
Und flog hinaus in die Zeiten
Und nieder in unser Lied.
Und wird uns wieder entgleiten,
Wenn irgendein Dunkel geschieht,

Das wir nicht wandeln ins Lichte
Mit aller Leidensgewalt.
Und wenn in unserm Gedichte
Sich trennen Gefühl und Gestalt.
Die Taube die Taube die Taube.
Kein Grab und drüber kein Baum.
Doch rauschen mit grünestem Laube
Ihm Lieder, Legende und Traum.

Chagall

Alles kann man, was man will.
Und man kann die Welt besiegen.
Wenn man eine Liebe hat,
Kann man über Witebsk fliegen.
Man bemalt sich einen Schimmel
Mit zwei Rosen. Und hinauf
Springt man in den grünen Himmel.
Und der Himmel ist schon auf.
Man holt sich Musik herunter,
Die in einer Geige wartet.
Die ist oben und ist unten.
Rot und grün. Und so geartet,
Daß auch Fische fliegen müssen.
Und am Ende will die Zeit
Nichts mehr von den Uhren wissen.
Und der Tod ist noch sehr weit.

Erster Laut

Ich grüße Achmadulina,
Die schöne schwarze Schwalbe.
Die Schwalben machen sehnsuchtskrank.
Wie leicht möchte man flüchten
Ins Bella Achmadulinland.
Da muß es sich gut dichten.
Die Himmel sind da riesengroß.
(Im größten Land der Erde.)
Da gibt es alles. Man fliegt los.
Oder man nimmt sich Pferde.
Wie man auch reist, man kommt doch an
Und wird begrüßt mit Worten.
Und spräch man russisch, wäre man
Zu Haus an allen Orten.
Ich sprech es nicht. Und doch ist mir
Die Sprache so vertraut,
Als war in einem frühen Traum
Russisch mein erster Laut.

Schneemond

Der Schnee ist unterm Mond so schön.
Der scheint unangerührt.
Hell ist's. Ich kann die Spuren sehn,
Die dich zu mir geführt.
Ist immer noch der alte Mond,
Der Puschkin einst geschienen.
Der hat auch tief im Schnee gewohnt.
Und von den Silberminen,
Die uns der Mond im Schnee aufmacht,
Holte er Staub in Pfunden.
Hat heimlich ihn nach Haus gebracht,
Prägte darein die Stunden.
Zwirnte das Silber fadenfein
Und brachte es zum Klingen.
Spann Schnee und Nacht und Mondschein ein.
Die kann man heut noch singen.

An die Freunde I

Denkt Ihr noch der Tiere von *Suchumi*?
All der klugen Kühe auf dem Weg
Unter unserm Traubengarten?
Und der Schweine auf dem Steg,
Der hinauf zum Himmel führte
(Und hin zur *Stolowaja*,
Wo wir Brot und Fisch einkauften)?
Was für Feste gab es da:
Abende, von Duft durchdrungen.
Nächte, isabellensüß.
Worte, Wind- und Wellenzungen.
Und wie jener Winkel hieß,
Wo wir warn am ersten Tage,
Aufgerührt vom ersten Wein
Und vom ersten Schuß *Adschika*
Durchgebrannt bis auf das Bein –
Wißt Ihr ihn und was wir hatten?
Was wir hatten unbegehrt?
Schweres Licht und leichten Schatten.
Und die Zeit erst halb verzehrt.

An die Freunde II

Ich will Euch sehn, Ihr Lieben, und Euch kennen,
So sicher, wie die eigne Hand
Die Fremde kennt am *Jähentbrennen,*
An jenem unsichtbaren Brand,
Der durch die Adern jagt als *Liebe.*
Im Dunkel kennt da unsre Hand
Die fremde Hand so sehr, als triebe
Ein Leben durch die Zellenwand.

Sein

Ich sah die tote Stadt der Karaïmen,
Tschufut-Kalé, gewachsen aus dem Stein.
Hoch unterm Himmel Tauriens. Wie dem *Mimen*
War mir, der selig stammelt: *Sein*!
O Dasein unterm Himmel, in der scharfen
Und reinen Luft, die nach Jahrtausend schmeckt.
Inmitten toter Häuser, leeren Larven
Von Leben, das sich leis entdeckt
An tief in Stein gepreßten Spuren
Von Wagenrädern und im Baum,
Verwildert nun, doch einst gewartet.
In Baum und Stein bewahrter Traum.
Am Rand des Felsens bin ich da gestanden.
Südliches Gelb im Auge, abendlich.
Im Mund den Rausch von nichts als Leben.
(Das Licht. Die Luft.) Ich fühlte mich,
Als lebt ich lächelnd unter jenen,
Die hier gelebt, bedroht und schwer.
Die Zeiten schienen sich zu dehnen.
Und Fernen kamen zu mir her...
Der Tod war überflüssig. Näher
War ich dem Sein niemals als da.
Ein Stromstoß fuhr durch mich, ein jäher.
Ich war geblendet. Und *ich sah.*

Mai II

Ein grüner Tag. Und Mai. Und Rußland.
Und schon in Moskau fing es an:
Im grünsten Grün Milliarden Sonnen:
Die gelbe Blume Löwenzahn.
Hinauf nach Norden. Puschkins Wege.
Tannen und Birken. Ernstes Land.
Vielleicht war's hier (auf holznem Stege),
Wo Puschkin seine Sprache fand,
In der man sagt: das Gras ist grün.
Und sagen kann: die Blumen blühn.

Vielleicht

Vielleicht erinnert sich wer meiner.
Einer, der geht durch Leningrad.
Oder ein andrer in Kaluga.
Und wer in einer deutschen Stadt.
In dieser Stunde scheint mir sicher:
Wir sind Gefäß für fremden Wein.
In mir sind alle, die mich trafen.
So möchte ich in allen sein.

Nowgorod

Was weiß ich noch von Nowgorod?
Die erste weiße Nacht im Leben
Erlebte ich in Nowgorod.
Und blaue Kuppeln sah ich schweben
Am Ilmensee. Von einem Blau,
Blauer als tausend Überhimmel,
Und weiß wie hundert Wüstenschimmel
Waren die kleinen Kirchenmauern,
Die ihren toten Gott betrauern
Auf saubere und süße Weise.
Ein Glöcklein rief zur Weiterreise
Und rief mit kindlichem Gebimmel
Noch immer den gestorbnen Himmel.

Sehnsucht

Licht auf dem Schnee. Da wird die weiße
Sehnsucht nach Rußland in mir wach.
Licht auf dem Schnee. Und eine heiße
Stunde brennt mir vom Haus das Dach.

Deutsche in Pskow

Für Lydia J. Gerassimowa

Ein Tag im Juni. Früher Tag.
Allein in einer fremden Stadt.
(Der Stadt Pskow. Pskow und Pappeln.
Silberlicht springt vom Pappelblatt.)
Pappeln und Flieder. Und der Fluß.
Und alte Mauern. Doch im Guß
Des Tages ist ein Sprung:
Alles hat hier *Erinnerung.*
Pappeln und Flieder, Fluß und Steine,
Verschweigt sie mir, daß ich nicht weine.

Puschkin. Erinnerung an Kazbeki

Und Gletscherkühle trifft mich wieder...
Quellwasser vom Kazbek weckt mich.
Im Terek treiben Puschkins Lieder.
Der Terek rauscht...
Er aber sitzt im Birkenhain unterm Kazbek.
Bronzeerstarrt. Verstaubt. Und lauscht
Dem Knarrn der Karren und dem heißen
Gespräch der Hirten, die jetzt bergwärts ziehn
Und sich im Herbst, im weißen
Mittag, gespensterstumm nach Norden mühn.
Millionen Schafe. Arbas. Autos.
(Tausend im Tag. Lang nicht mehr neu.)
Gehn und Vergehn. Es bleibt der Gletscher.
Und: Einst zog *Puschkin*
Hier vorbei.

Ai-Petri

Ai-Petri heißt eine Blume,
Die blüht in Nikitskijsad.
Das ist ein alter Garten.
Den Nikitskij gegründet hat.
Der Garten ist bei Jalta.
Bei Jalta über der See.
Und nah beim Berge Ai-Petri.
Und auf dem Berge ist Schnee.
Zedern, Sequoien und Rosen.
Baum und Blume und Baum.
Und die tollrote Canna Ai-Petri.
Und Tage *überm* Traum.

Krim

Die brennenden Bäume bei Jalta.
Die heiße Fremde die Krim.
Die ungeheure Bläue.
Und ich verstummt.
Im Traum in trüben Tagen
Zu Haus, die fallen bald,
Will ich die Sprache austräumen,
In der man spricht mit Bäumen,
Die *brennen*. Da helfen nicht Worte wie
Wald.

Einst

Ein Grün, ein Grün und schon November,
Und abends wird der Himmel blau
Wie einst in Jalta unterm Monde.
Da war ich eine andre Frau.

Schnee

Schnee. Schnee. Moskau.
Moskau schneit mich ein.
Unter der Haut Leben.
Unterm Schnee Stein.
Am Kasaner Bahnhof
Weiß und rot und gold
Hab ich Sie (um was wohl?)
Anreden gewollt.
Aber welche Sprache?
Ich sprech Ihre nicht.
Sprachen wie die Händler:
Englisch. Mein Gesicht
Konnten Sie nicht sehen.
Schnee und Schnee und Schnee.
Sie dachten: wir gehen.
Ich dachte: ich vergeh.

Puschkin

Ich habe wieder an Puschkin gedacht.
Und an seine Enten beim Teich.
Der hat aus Steinen Brot gemacht.
Den machte der Sand noch reich.
Im Leben war der Junker arm.
Schlecht ist es ihm ergangen.
Kein andrer aber macht mir so
Zu sein wie er Verlangen.
Dabei hab ich sein Bild gesehn
Im Kloster nah seinem Grabe.
Das allerletzte grausame Bild.
(Mann ohne Glück. Ohne Habe.)
Den alten kleinen galligen Mann
Vergeß ich nicht eine Stunde.
Und alles, was ich hoffen kann,
Ist: *Daß ich ihn bekunde.*

Möglichkeiten

Und Möglichkeiten gibt es immer.
Nur nehmen wir sie selten an.
So selten sehen wir den Schimmer
Des Frühlichts über Tag und Tann.

Jäger und Dichter

Der Jäger sagt mir heut, in sieben Tagen
Wird großer Mond sein. Und das Korn gemäht.
Er ist so sicher, daß er eines
Der milden Tiere unterm Mond hinmäht...
Wenn unsereiner wüßte, wann der Mond wächst.
Und wie uns sein wird. Sieben Tage weit.
Wir sind nie sicher. (In uns sind die Monde.)
Wir leben in der *Immerzeit.*

Mein Dorf

Mein melancholisches Zimmer.
Mein sentimentales Dorf.
Die sandigen Wege. Die Wiesen.
Die Tannen. Die Tümpel. Der Torf.
In grünen Schlünden schläft es.
Unterm Wiesenmulm atmet Morast.
Da findest du nie wieder,
Was du verloren hast...
Hierher bin ich gekommen.
Von hier geh ich hinaus.
Am Wegrand wacht die Distel.
In der Wiese wartet das Haus.

Sehen

Ohne Auftrag, ohne Pflicht
Will ich *gehen gehen gehen.*
Will den Regen und das Licht
Und die Winde wieder *sehen*
Wie die Kinder: Mit der *Haut*
Sehen sie die lange Zeit,
Die so kurz war, sind wir erst
Eine kleine Weile weit
Von der Kindheit, die uns bleibt
Wie ein Märchen ohne Schluß.
Wie die unstillbare Liebe.
Jäh verloren vor dem Kuß.

Bekenntnis

Alles, was mir *geschehen*,
Hab ich mir angetan.
Ich glaube nicht an das *Schicksal*.
Wir fertigen selber an,
Was zu uns kommt und fernbleibt.
Nur sind wir meist zu träg,
Die Warnzeichen zu sehen,
Die wiesen uns den Weg,
Wären wir bei Verstande
Und nicht nur bei Gefühl...
(Wir balancieren am Rande
Des Taumels im Tagesgewühl.)
Ja, auch zu meinen Sünden
Bekenne ich mich heut.
Ich will mich neu begründen
Und mache mich bereit.

Gebot

Nimm nicht den grauen Himmel auf,
Laß Frost und Schnee nicht ein
Und widersteh dem Jahreslauf!
Was sein muß, muß nicht sein.
Suche das immergrüne Kraut,
Die Miere, und den Duft,
Der seit der Kindheit in dir ist:
Erde, jäh an die Luft
Gebracht. Grabe den Sommer aus,
Den Herbst und alle Frühlinge.
Und hol sie in dein Haus.

Die Wiese

Ein Leben lang kenn ich die Wiese schon.
Indessen bin ich alt geworden.
Zu Männern wurden Sohn und Sohn.
Tage von meinen Jahren
Hab ich mit ihr geteilt.
Was *ihr* auch widerfahren:
Grünend ist's ausgeheilt.
Keine Veränderungen?
Sie welkt nicht ab wie wir.
Im Wurzelgrund verschlungen.
Wiesenwind in den Lungen.
Von Kraut und Gras durchdrungen.
Grüne ich aus an ihr.

Raps

Das sind die Dinge, die bleiben:
Gelb blüht der Raps im Mai.
Auf Riesenformaten treiben
Vincents Farben vorbei.
Wie wir in den Mai hinfahren,
Scheint es uns gewiß:
Alles wächst mit den Jahren.
(Und auch uns hat die Zeit nicht im *Biß*.)

Holunder

Der Juni rauscht in unserm Tal.
Regen hat die Gerüche reingewaschen.
Der Hofholunder blüht für unsern Herbst.
(Wenn unsre Sperlinge die Beeren nicht vernaschen.)
Wohl wird uns sein, den heißen Saft
Im Herbst in uns zu gießen.
Doch jetzt, im Juni, wollen wir,
Was uns gewiß, genießen:
Den Duft. Die Luft, die um uns schäumt.
(Ich habe keinen Duft versäumt,
So hoff ich, der mir je begegnet.
Von jeder Blume weiß ich ihn.
Von jedem Blick, der mich gesegnet.
Mir muß nicht alles ganz gehören.
Aber die Düfte. Duft und Traum.
Und will ich dich und mich beschwören,
Genügt mir ein Holunderbaum.)

September II

September ist der Sehnsuchtsmonat
Mit Fernendunst im frühen Licht.
Das Leben wird schmerzlicher fühlbar:
Summe von Säumnis und Verzicht.

September ist der Täuschungsmonat:
Daß alles noch einmal beginnt.
Verwirrung wie vor einem Frühling.
Und wir: als ob wir ewig sind.

Wir gehn durch Silber und durch Bläue
Und fast verwandelt von der Luft,
Die lind ist wie die Luft der Ferne
Und wie gewürzt vom Bitterduft

Der Nüsse und nur hin und wieder
Von einer Rose aufgerührt.
September – Mond der Tagessterne
Im Taugekräut. Wie scharf man spürt

An solchen Morgen: alles wissen,
Noch Mensch sein und schon nicht mehr jung.
Erinnrung ist in unsren Küssen.
In jedem Wort: Erinnerung.

All unser Leben ist seit langem
Ein dreigefädelter Gesang:
Hoffnung und Sehnsucht zirpen zaghaft.
Von der Erinnrung kommt der Klang.

Die vollen und die tiefen Töne
Kommen von dem, was mit uns *war*.
Doch im September glänzt das Schöne
Noch einmal uns auf Haut und Haar.

Blauer Tag

Der Rauchgeruch der Frühe im September.
Das Gräsergrün ergraut vom Tau.
Tief fahren Wolken. Wie November.
Doch über ihnen ist ein Blau,
Ein Osterblau, ein Lebensblau,
Ein Blau aus allen Ewigkeiten,
Ein Blau zum Fliegen. Und der Welt
Müßte man *einen* Tag bereiten
So rein wie dieses reine Blau
Und ungetrübt von grauem Tau.

Vor einem Herbst

Im Herbst soll einer auf mich warten.
Er soll so warten, daß ich kommen muß.
In einem gelben alten Garten.
Kurz vor dem Winter. Kurz vorm Schluß
Von allem. In der Weile,
Die zwischen Schnee und Regen bleibt.
Da suche ich die eine Zeile,
Die man vielleicht im Leben schreibt.

Frühwinter

Um zwei Uhr Mittag kommt schon das
Frühwinterabenddämmern.
Das letzte Licht gefriert im Gras.
Das Grau mit Glanz zu hämmern,
Hat sich die Sonne abgemüht
Mit ferngerückten Kräften.
Was über eine Weile blüht,
Wärmte sich in den Säften
Und wird nun wieder eingekühlt
Zum guten Überstehen.
Wer heut den Frühling vorgefühlt,
Wird auch den Sommer sehen.

Zeit

Das Leben rinnt an mir herab wie Wasser.
Die ich noch treffen wollte, sind schon tot.
Ich gehe mit der Zeit um wie ein Prasser.
Und morgen fehlt mir das Stück *Brot.*

Späte Liebe

Ich denk an einen, der mir einmal
Sehr nah war und sehr mild gesinnt.
Entgegen allen Weltgesetzen
Liebte ich ihn. Bewußt und blind.

Wir hungern immer, wenn wir lieben.
Und niemand sieht den Hunger ein.
Wir werden einfach *satt geschrieben.*
(Bewirtet man uns nicht mit Wein

Und Süßigkeiten und mit Schonung
Und läßt uns altern mit der Zeit?)
Die frühe Liebe sucht nach *Wohnung.*
Uns ist *das* schon Vergangenheit.

Wir wolln noch einmal und noch einmal
Das Licht auf uns erglänzen sehn,
Und einer soll an uns entbrennen.
Ein Wunder soll mit uns geschehn,

Und sei es auch nur für Minuten,
Und über Fernen hin ein Jahr.
Die Asche der geheimen Gluten
Lagert sich ab auf unserm Haar.

Alter

Über ungeheure Heiden
(Meine Heimat) will ich gehn.
Werde mich in Winterspiegeln
(Blinden Himmeln, blinden Wassern)
Sehn.
Werde spüren, wie das Alter
In mir wuchern will.
Werde mit verbißnem Kiefer
Fesseln, was mich fliehen will.
Werde jeder Zelle morsen,
Daß sie bleiben soll,
Wie sie war, als wir uns sahen:
Satt von Sehnsucht
Und von Weisheit toll.

Überfluß

Das Lächeln, das den andern meinte,
Nicht uns und unsre Eitelkeit,
Die Träne, die dem andern weinte,
Nicht unserer Vergänglichkeit,
Die Stunde, die wir andre hörten,
(Das kleine Wenig mehr als Muß)
Die Ruhe, die wir uns zerstörten,
Das war des Lebens *Überfluß.*

Wandernd

Ich werde immer wieder fliehen.
Nicht nur der Sommer reißt mich fort.
Auch die Novembernebel ziehen
Mich mit sich. Es gibt keinen Ort,
Der mir gehört, an dem ich hause,
Wie einer, der lang bleiben will.
Ich mische mich ins Windgebrause,
Lös mich im Regen. Und bin *still.*
Wandernd fühl ich mich angekommen.
Und fern von Haus bin ich zu Haus.
Das Leben hat mich angenommen.
Zerrt mich hinauf, zieht mich hinaus.

Gegen November

Die Sterne sind schon winterlich.
Und auch die Mondscherbe ist kalt.
Novemberwind geht wider mich.
Und ich werd unaufhaltsam alt.

Wie häufig wird es jetzt November!
Wie nahe ist mir schon die Zeit,
Da alles, was geschieht, geschenkt ist.
Und schien doch gestern noch so weit.

Woran sich wärmen? Wie sich halten
Und sich ertragen? Ein Gesicht,
Versinkend mählich in den Falten.
Nur selten noch gefaßt von Licht...

Ich wehre mich, daran zu glauben,
Daß ich zu alt für Wunder bin,
Und daß die Bäume sich entlauben,
Nehm ich als Vorbedingung hin

Für einen Frühling *ohnemaßen*,
Den man im Winter *wollen* muß...
Und weiter über Sommerstraßen...
Und wenn man will, gibt's keinen *Schluß*.

Unruhe

So wie die Unruh ihrer Uhr
Mißt Unruhe mir aus die Zeit.
Manch liebes Mal seh ich mit Neid
Die Leute leben lächeln stehn.
Ich aber gehe und muß gehn.

Lidschlag

Ich suche mein vergangenes
Verlorenes Gesicht.
Mein niemals eingefangenes
Vergessenes Gedicht.
Manchmal nur (ungerufen.
Lidschlag vom Augenblick)
Kommt sie, die ich gewesen bin,
Herauf zu mir, zurück...
Doch eh ich sie noch fragen kann,
Wie es mit uns einst war,
Fährt über mich ein Schatten hin,
Ein Flügel streift mein Haar.
Die Fledermaus, die Nachtmaus, kämmt
Mir die Gedanken aus.
Und wer ich auch gewesen bin,
Ich muß mit mir nach Haus.

Dieser Frühling

Bald blüht das eine ab und dann das andre.
Und wieviel Mühn in all dem Grün.
Und ich bin dieses Jahr zu müde,
Den Frühling auf mich zu beziehn.
Mich frißt zu Jahr das schwarze Fieber.
Aus allen Ecken grinst mich an
Das drei Mal ausgepichte *Nichts*,
Das man nicht fliehn, nicht fesseln kann.
Als ich noch jung war, war ich sicher,
Daß mich der Teufel einmal läßt.
Mein halbes Leben ist hinunter.
(Vielleicht bleibt mir nur noch ein Rest.)
Und immer noch bin ich verschwistert
Der steinernen Melancholie.
Ich wehr mich Tag für Tag. Besiegen
Werd ich sie niemals. Aber *sie*
Die Hexe Ungeheuer Nachtmahr Tagtraum
Mein siebentes Gesicht mein Nixenschweif
Wird mich auch nie ergeben finden.
Kann ich nicht fliehn, ring ich und
Reif.

Bilanz

Wir alle haben viel verloren.
Täusche dich nicht: auch ich und du.
Weltoffen wurden wir geboren.
Jetzt halten wir die Türen zu
Vor dem und jenem. Zwischen Schränken
Voll Kunststoffzeug und Staubkaffee
Lügen wir, um uns nicht zu kränken.
Und draußen fällt der erste Schnee...
Wir fragen kalt, die wir einst kannten:
Was machst denn du, und was macht der?
Und wie wir in der Jugend brannten...
Jetzt glühn wir anders. So nie mehr.

Die Bäume

Wo soll man sein Haus setzen?
Ins Nahe? Oder in den Wind?
Hört man nur die Reden der Bäume,
Wird man zuerst taub und dann blind
Gegen die Sorgen der Menschen,
Die sie sich selber verschafft.
Die Bäume leben im Kosmos
Und nicht aus unserer Kraft.
Leicht könnten wir uns verwechseln
Mit ihnen, als lebten wir lang,
Jahrhunderte ohne Gewissen.
Und einmal würden wir krank
Am Tode neben den Bäumen,
Die nun uns Fremde sind.
Aus den schweren, den letzten Träumen
Schrien wir da nach unserem Kind.
Wir schrien nach unseren Freunden.
Die Bäume beugten sich nicht.
Sie beugen sich nur dem Winde.
Uns beugt ein Menschengesicht
Vielleicht sich in letzter Stunde.
Das sammelt für uns letztes Licht,
Entsaugt unserm Mund letzte Kunde.
Die Wälder hören uns nicht.

Nachsatz

Der Dichter Kuba war ja überhaupt ein furchtloser Mensch, aber besonders und manchmal zum Fürchten furchtlos war er, wenn er meinte, er müsse einen Vorbehalt seiner Mitmenschen gegen ein Stück Poesie niederringen. Dann schien er hemmungslos, konnte einen, auf offener Straße und vor allem Volke, am Kragen packen und schreien: „Verstehst du, das ist ein gutes Gedicht!"

Dies Teil wenigstens, diesen Mut, hätte er uns lassen sollen, uns allen und für diesen Augenblick besonders mir, denn in diesem Augenblick möchte ich auf die Straße laufen, Eva Strittmatters Manuskript unterm Arm, und möchte ausrufen: Leute, kommt her, hört zu, hier setzt es gute Gedichte!

Ach, der Auflauf gälte nur einem übergeschnappten Schriftsteller, und davor fürchtet sich dieser; so schreibt er eine Nachbemerkung. Die Nachbemerkung als unverzichtbarer Bestandteil der Edition Neue Texte scheint mir in die Reihe unserer unverzichtbaren Torheiten zu gehören – wir müssen nun einmal jemandem, der sich eben aus dem Grase und von der Liebsten hebt, erklären, worein er gerade verwickelt gewesen, anders käm er nicht drauf.

Dabei hätten sich auf dem nun pädagogisch okkupierten Papier noch ein paar Gedichte unterbringen lassen, in diesem Falle Gedichte von Eva Strittmatter, also:

Aufschreckend genaue Beobachtungen aus eines Lebens Mitte; Wortfassungen von Gefühlen, die auch uns begleiten und bedrängen – bedrängten, weil wir bislang noch keine Namen für sie hatten; Dankinschriften für ferne Freunde und entlegene Freuden; fuchsteufelswilde Zornausbrüche, gerade noch durch den Reim gebändigt, und Liebessprüche, an denen nur ärgert, daß sie uns nicht meinen; Mutbeweise, Verstandeszeugnisse, schönste Lebenszeichen – Kunstwerke.

Manchmal wird mir etwas bange, wenn ich mit den Versen der Eva Strittmatter das Jahr und die Jahre durchlebe, und rufen möchte ich: Seid mal etwas freundlicher zu der!, aber dann sage ich mir und maße mir dabei an, für die Kunst und deren Egoismus zu sprechen: Ohne Prüfungen wären diese Gedichte nicht.

Und ich beruhige uns: Wer die Kraft zu solchen Worten hat, der hat die Kraft zu allen Taten; wer über dieses Gedächtnis verfügt, bringt uns nach vorn; wer so die Erde sehen kann, ist als ihr Wächter da.

Überdies leiden wir nicht gerade Mangel an lyrischen Fürchtenichtsen – da tut uns die Erinnerung ganz gut, daß verläßliche Verteidiger meist Leute sind, die von Gefährdung wissen.

Und an, sozusagen, lyrischen Umweltverschmutzern fehlt es uns auch nicht, solchen, die uns mit ihren gefeierten Schloten die Aussicht in den Himmel verstellen und alle Täler weit wie auch die Höhen mit hydraulischem Gestänge verbauen und unterm

Arbeitsschutzhelm schon nicht mehr die Sterne der Heimat sehn.

Da begrüße ich diese Eva Strittmatter, die kühn genug für den Gedanken war, vielleicht sei „die ganze Erde um der Lerche willen gemacht", und die mir beruhigend zeigte, daß auch in unserer Sprache noch gesagt werden kann: „das Gras ist grün" und „die Blumen blühn".

Und ich begrüße Eva Strittmatter, weil sie sich dem Diktat der seltsamen Brecht-Auslegung entzog, der zufolge man im Verzicht der Lyrik auf den Reim eine Befreiung des Genres zu sehen habe. Mir jedenfalls will zu Zeilchen zerknackte Prosa immer noch nicht wie Lyrik vorkommen.

Aber ich möchte Eva Strittmatter und ihre Gedichte nicht gegen andere und andere Gedichte ausspielen – das kann einer, dem es um Literatur als Ensemble geht, gar nicht wollen.

Es freut mich nur sehr, daß wir wieder eine gefunden haben, die des Dichters alte Gebärde nicht scheut und ihr Ohr an die Erde legt und auch an unsere Brust.

Was sie hört, ist manchmal sehr lustig und manchmal gar nicht; es macht uns Mut, und es dämpft unseren Übermut auch; es ist Wahrheit, und davon brauchen wir viel.

Wir haben diese Gedichte nötig.

Hermann Kant

Inhalt